L'ESOPE DV TEMPS.

FABLES NOVELLES,

Par M. L. S. DESMAY,

Avec des Figures de Taille-douce.

A PARIS,
Chez la VEUVE FRANÇOIS CLOUSIER,
&
PIERRE BIENFAIT, Libraire Juré,
dans la Court du Palais, proche l'Hôtel
de Monſ. le Premier Preſident.

M. DC. LXXVII.

AVEC PERMISSION.

(2)

Habert. F

A

MADEMOISELLE DE LA FORCE.

*ADEMOISELLE,*

J'abuserois de vôtre bonté, si j'osois mêler icy vos loüanges avec des Fables. Quelque prix que leur donne

vôtre Nom, qui les protege, il vous faut un ſujet plus relevé, & une meilleure Plume que la mienne. Et quand même les plus excellentes pourroient entreprendre de vous loüer, MADEMOISELLE, *quelque étude que nos Maîtres fiſſent de vôtre vaſte merite, (j'oſe le dire) que de belles choſes leur échaperoient! De quels traits pourroient-ils nous peindre cette vive & profonde penetration de vôtre Eſprit, dans les matieres les plus ſublimes? Ce Iugement ſolide & juſte ſur les Ouvrages les plus delicats? & enfin ce bon Sens, qui fait la gloire des illustres Ecrivains des premiers Siecles, & ce qu'on appelle le bon goût du nôtre ? Il est vray de dire,* MADEMOISELLE, *que c'est un Ouvrage autant au dessus d'Eux, qu'ils le sont au dessus de moi; & que les qualitez de vôtre Esprit étant aussi hautes que celles de vôtre Naissance, il n'est pas possible aux Plumes les plus brillantes de nous les exposer dans tout leur éclat. Pour moi, ie ne puis les regarder que comme des objets de respect & d'étonnement, & je trouve mon Esope si indigne de la protection, que vous lui avez accor-*

dée, que je craindrois de vous la faire revoquer, en vous en faisant souvenir, si je ne sçavois que vôtre Bonté est vôtre Vertu favorite, & qu'ainsi elle ne peut rien faire, qui ne vous plaise extrémement. Ie vous prie, MADEMOISELLE, *de me la continuer, vous jurant que personne au monde ne peut égaler la passion que j'ay de la meriter, ni le zele de vous prouver combien je suis,*

MADEMOISELLE,

Vostre humble & obeïssant
Serviteur L. S. DESMAY.

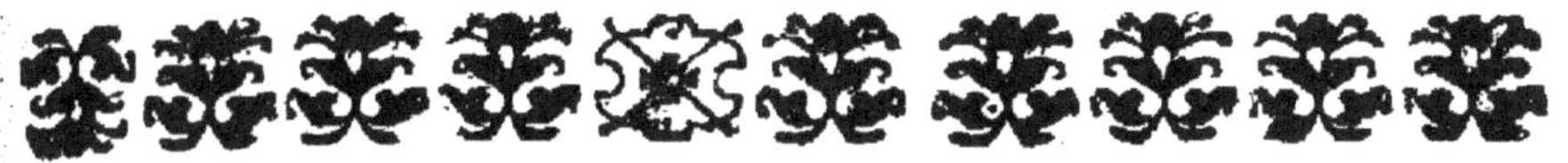

AVERTISSEMENT.

CEtte douzaine de Fables n'eſt qu'une tentative du goût du public; ſi elles lui plaiſent, elles ſeront bientoſt ſuivies d'un nombre d'autres. L'on eſpere que les figures qui accompagnent celles-cy, & que n'ont point toutes les nouvelles Fables, qui ont paru aprés celles du ſieur de la Fontaine, leur donneront de l'agrément. L'on ſouhaite que le Lecteur en trouve d'autres dans le diſcours, qui l'engagent à les lire, & qui encouragent l'Auteur à en faire de meilleures.

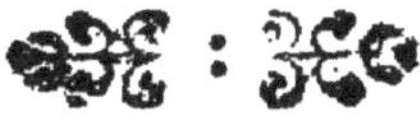

Fautes survenuës en l'Impression.

Lisez connaître *pour* connoître *page* 22.
Lisez Causoient *pour* Cusoient *page* 76.

PERMISSION.

PErmis d'imprimer. Fait à Paris ce 12. Juin 1677.

DE LA REYNIE.

TABLE DES FABLES CONTENVES dans la seconde Partie.

TABLE.

Fautes survenuës en l'Impression.

Fait, *pour* faut, *page* 23.
Equive, *pour* Esquive. 34
L'acroche, *oublié.* 47
La Cour *pour* sa Cour. 59
S. Eurémon, *pour* S. Euremon. 71
Regles Poëtiques. 74
Deire, *pour* rire. 95
Fumier, *pour* Fermier. 108
Dequoy *pour* dequoy manger. 118

PERMISSION.

PErmis d'imprimer, ce 2. Octobre 1677.

DE LA REYNIE.

LA PRIERE INDISCRETTE,
OU
Le Ieune Laboureur.

A Mademoiselle DE LA FORCE.

FABLE I.

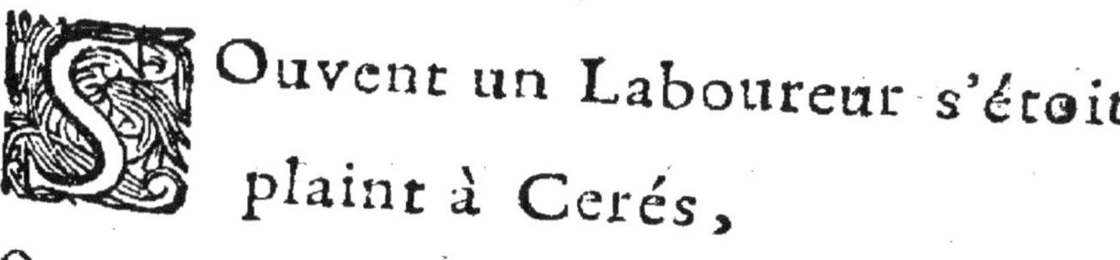

SOuvent un Laboureur s'étoit plaint à Cerés,
Que moissonnant ses bleds dans ses vastes guerêts,

La barbe des épics piquoit ses mains doüillettes ;
Et Cerés, qui pour nous a des bontez parfaites,
De ce fol importun longtemps se deffendit ;
Mais enfin elle se rendit
A ses *Prieres indiscrettes :*
Va, mon ami, dorênavant,
Lui dit-elle, ils seront comme tu les souhaites.
Sans barbe les épics vinrent l'Eté suivant,
Abandonnez, sans deffense, au pillage
De ces Bandis de l'air, qui n'ont ni feu ni lieu,

D'un peuple vagabond, que le ſeul brigandage
Fait vivre comme il plaiſt à Dieu.
Le Laboureur ravi, que ſes moiſſons dorées
Soient pour ſes tendres mains
Ainſi qu'il les a deſirées,
Prepare ſes greniers, pour y ſerrer ſes grains;
Aiguiſe ſa faucille, & rince ſa bouteille,
Racoutre ſa beſace; & quand ſon coq l'éveille,
C'eſt à dire de bon matin,
Déniche ſon valet Lubin,
Le prend, & de ſon champ va faire la tournée.

Lubin moralisant tout le long du chemin

Disoit; Vraiment, Maître Dandin,

Vôtre maison est fortunée,

Et Cerés prend le soin d'en bannir tout chagrin.

Mais les Dieux, comme nous, ont leur coup de Merlin;

Et souvent nous voyons en moins d'une journée,

Leur plus grand favori traitté comme un faquin.

De vous jusqu'aujourd'hui Cerés embeguinée

Vous nomme son Pitaut; Tenez, la main tournée,

Vous ne ſerez qu'un chien demain.
Je ne m'y fîrois pas , & pour le plus certain ,
Je voudrois qu'avec vous, elle fut abonnée.
Tay-toy , répond le Maître, en luy ſerrant ſa main ,
Tant qu'on verra le Genre humain
Offrir d'un cœur ſincere aux Dieux des Sacrifices ,
Leurs bontez à nos vœux ſeront toûjours propices.
C'eſt un coup ſeur par là, dit Lubin, & vous fin.
Entre nous les Dieux & les hommes

Ne donnent rien pour rien dans le
siecle où nous sommes ;
Chacun veut sa chandelle, & pour tout
dire enfin,
A force de Victime on fait venir du
pain.
Ainsi Dandin croyant sa fortune asseurée,
Et content de Cerés, aproche de ses
bleds :
Mais son ame est outrée,
Et ses sens sont troublez,
Voyant par escadrons les Oyseaux assemblez
Presque de toute la contrée,
Faire de ses bleds meurs une ample
picorée ;

Mais sur tous, les Moineaux, troupe desesperée,
Et pires que Dragons, tant ils sont endiablez,
Semblent avoir sa ruïne jurée.
C'est en vain que Lubin & ce blond Laboureur,
Par des épouventails veulent leur faire peur;
Qu'ils veulent les chasser par cent gaules ruées,
Et par cent tonantes huées.
Lubin est-il icy? Dandin à l'autre bout?
Ces Picoreurs aîlez, intrepides à tout,
Fondent au milieu de plus belle.

Y vient-on les fronder ? soudain à tire
d'aîle,
En deux gros bataillons tout le corps
partagé,
Aux deux extremitez se trouve mieux
logé.
Le Valet en creve de rire;
Le Maître en pleure cōme un veau;
Et veut battre Lubin : mais Lubin se
retire,
Et lui dit, ôtant son chapeau;
„ Doucement, nôtre Maître: ô çà vous
„ sçavez lire ?
„ Moy je ne sçay ny A, ny Bé,
„ Mais avant vous servir, je servois un
„ Abbé,

„ A qui j'entendois souvent dire,
„ Qu'on fuit un petit mal, pour tomber
„ dans un pire,
„ Et justement vous y voilà tombé.
„ Nous sommes, poursuit-il, Enfans de
„ Zebedée,
„ Nous ne sçavons souvent ce que nous
„ demandons :
„ Vous aurez, comme moy, la main dure
„ & ridée,
„ Si par elle en vos champs la charruë
„ est guidée ;
„ Si vous en arrachez & ronces & char-
„ dons,
„ Au lieu de l'amolir en lardant vos
„ dindons :

„ Alors cueillant vos bleds sans crainte
„ de piqueure,
„ Vous n'en craindrez que la double
„ mouture,
„ Quand au moulin. . . . Helas ! Lubin,
„ il est bien temps
„ De faire, dit Dandin, si longue pa-
„ rabole :
„ Qui reçoit le foüet à l'Ecole,
„ En revient sage à ses dépens.

A Mademoiselle de la Force.

Belle & sage Uranie, en vain dans un
Prologue,
Qui me tinst lieu d'un cōpliment,
Je dirois, que cet Apologue
Ne vous regarde nullement.

Tout Paris sçait en quelle vogue
Vous êtes à la Cour, où l'on dit hautement,
Que vous ne dites point à la façon des autres,
Le *fiat* de vos Patenôtres.
Vous le dites sans interest;
Ainsi le Ciel toûjours agit comme il vous plaist.
De vôtre raison toute pure
Nul accident jamais n'altere la droiture.
Cette Fille du Ciel, cette Mere des FORTS,
Dont vous portez le nom, est sans doute la vôtre;

Et de vous ſeule un jour on verra des Efforts,
Par qui le foible Sexe effacera le nôtre.
Mais loin d'en faire vanité,
D'une ILLUSTRE PRINCESSE avoüez la bonté,
Qui ſe fait un plaiſir de vous former ſur Elle.
Le Sang dont vous ſortez eſt le Sang des Heros ;
Mais enfin ſans ce grand Modele,
Ce Sang dans vôtre ſexe auroit quelques defauts.

L'ELOGE DE LA FABLE.
OU
La Nature plus éloquente que l'Art.
FABLE II.

UN Orateur Athenien,
Non Orateur à la douzaine,
Qui vous entonne à gorge pleine
Un grand tantarare, & puis rien:
Mais un autre Isocrate, un autre Demosthéne

Faisoit harangue au Peuple, & le haranguoit bien.

En vain l'Orateur se travaille,
Pour se faire préter la moindre attention;
Chacũ s'endort, ou cause, ou bâille,
Comme si l'Orateur ne leur dist rien qui vaille:
Luy, sans en témoigner la moindre emotion,
S'arreste, & dit; Messieurs, écoutez cette Fable,
Elle est plaisante, & d'un sel admirable.
Chacun à cette fiction
Leve le nez, préte un profond silence:
L'Orateur se mouche & commence.

FABLE.

Cerés trouvant un jour l'Anguille en
 son chemin,
 Causoit en marchant avec Elle,
 Et voyant passer l'Hirondelle,
Cerés l'arrête, & dit; Nous irons même train,
 Je veux vous dire une nouvelle.
L'Hirondelle les joint. Cerês entre en
 discours,
 Et les conduit marchant toûjours
 A vingt pas d'un prochain village;
Là trouvant un torrent creux, d'un rapide cours,
L'Oyseau pour le passer vole, & l'Anguille nage.

Il ne leur dit rien davantage.
Et Cerés ? luy dit-on ; Et Ceres, répond-il,
Se plaint de vous, qu'un conte pueril,
Qui tient si fort du badinage,
Attache plus qu'un discours fin, subtil,
Dont vous pouvez tirer un plus grand avantage.
Le rouge leur monte au visage;
Luy le prenant pour un seur témoignage,
Que son auditoire incivil,
Par ce reproche adroit est devenu plus sage,
De son discours reprend le fil.

Le

Le peuple bâille encor & frotte son
 sourcil,
 Et dit trouvant le cas étrange ;
 Que l'Orateur avoit raison,
Et cependant se leve , & gagne la
 maison.
Phedre ! Esope ! ces Vers sont à vôtre
 loüange ;
La nature, qui parle, est pure dans l'Oy-
 son ,
Dans l'Homme sa raison n'est gueres
 sans mêlange :
 La Nature va pas à pas,
On la suit , & souvent on perd l'autre
 de veuë.
 Un discours simple insinuë

Une pensée ingenuë,
Le sublime ne plaît pas,
Qui la guinde dans la nuë;
La Verité toute nuë
A pour l'homme mille appas.

L'HIRONDELLE AMOVREVSE.

ou

Le Simbole dans l'Amour.

FABLE III.

ON me contoit un jour d'une jeune Hirondelle,
D'eſprit & de corps auſſi belle,
Qu'on puiſſe jamais voir Oyſeau,
Qu'elle aimoit un jeune Etourneau,

Beau de corps, & d'esprit comme elle.
Quoique leur amour fust nouveau,
Maint Tête à tête, & maint Cadeau
Avoient fait en un mois, qu'une ardeur mutuelle
Brûloit les cœurs unis de ce Couple si beau,
Et l'Hymen les pressoit d'allumer son flambeau.
L'Hirondelle sage & sincere,
Et craignant de l'Amour toûjours quelque panneau,
Avant que de passer à l'amoureux mystere,
Voulut prendre avis de sa mere,

Une mere avisée, & dont le jugement
Jamais en rien ne se dément;
Une mere enfin sans seconde,
Pour conseiller, & connoître son monde.
» Je ne demande pas mieux,
Répond cette sage mere,
» Et je vois comme toy, que c'est bien ton affaire;
» Mais je ne te sçaurois taire
» Un deffaut qui te saute aux yeux;
» Pour un jeune Etourneau, s'il est si serieux,
» Qu'en prétens-tu faire,
» Quand il sera vieux?
» Ma mere, un peu de sagesse,

» Répond la fille, sied bien
» A l'imprudente jeunesse ;
» Et l'importun caquet de la froide
» Vieillesse,
» Qui n'aime qu'à dormir, & n'est
» plus bonne à rien,
» Ne cause point un moment d'alle-
» gresse.
» Deffions-nous d'un feu, qui ne fait
» que de naître,
» Qui peut s'éteindre ainsi qu'il a pû
» s'allumer,
» Repart la mere, il faut connoître,
« Cõme on dit, avant que d'aimer.
» Et pour t'instruire enfin de tout ce
» qui m'en semble,

» Il n'aime que l'Hyver, tu n'aimes
» que l'Eté,
» Dans cette contrarieté,
» Vous rompriez bientost ensem-
» ble.
» Mais enfin si tu viens à manquer
» l'Etourneau,
» Le Hybou, le Plongeon, l'Epreu-
» vier, le Corbeau
» N'attendent que ton choix; Quoy! le
» Hibou, ma mere?
» Ouy sans doute, ma fille, & tu ne
» peux mieux faire;
» Jamais Oyseau ne sera mieux ton fait.
» Aprés un long service, aprés vingt
» ans de peines,

» Sur l'Hôtel de Ville d'Athenes,
» Tant qu'il vivra Pallas luy fait
» Mille livres de rente.
» Il a de plus mille écus d'argent net,
» Trois bons Emplois. . . . En eut-
» il trente,
» Helas! ma Mere, il est si laid!
« Dailleurs, en puis-je être con-
» tente?
» Ne regardons point l'interest,
» J'ay vingt ans, il en a cinquante:
» Treve du Hibou, s'il vous plaist:
» Fy! d'un vilain Oyseau, dont la face
» épouvante:
» Fy! d'un funebre Oyseau, que la
» Mort toûjours suit:

Fy!!

» Fy ! d'un lugubre Oyseau, qui transit quand il chante.
» Fy ! d'un Oyseau maudit, que nul Oyseau ne hante.
» C'est un paisible Oyseau, qui n'aime point le bruit,
Répond la Mere : & la Fille replique,
Qui n'aime point d'Oyseau si pacifique ;
» Enfin de nôtre Hymen quand verrions nous le fruit ?
» Jugez de nos humeurs quelle est la simpatie ;
» Vous même m'avez avertie
» Qu'il en faut, avec lui je serois bien lottie,

» Je vole tout le jour, & lui toute la
» nuit.
» Autre raison sans repartie;
» On m'a juré qu'on l'avoit vû
» Jadis dans Athenes vêtu
» D'un justeaucorps de couleur
» bleuë,
» Et portant à Pallas la queuë;
» Et que souventefois en je ne sçay
» quel lieu,
» Tandis qu'avec elle
» Je ne sçay quel Dieu
» Tête à tête, & de nuit joüoit de la
» prunelle,
» Le vigilant Oyseau faisoit la senti-
» nelle.

» Voilà ce que me dit de luy
» L'autre jour nôtre amy ſincere.
» Tout cela, direz-vous, n'eſt pas ſi
» grande affaire ;
» On n'y regarde pas de ſi prés au-
» jourd'huy.
» Paſſons, luy repartit la Mere ;
» Que dis-tu du Plongeon ? ſera-t-il
» éconduit ?
» Ma Mere ! En bonne foy vous vous
» mocquez du monde.
» Cet aquatique Oyſeau nullement
» ne me duit.
» Que faire d'un Mari, dont l'humeur
» tient de l'onde,
» Qu'il habite, & qui l'a produit?

„ Avec luy veut-on prendre
„ Quelque innocent déduit?
„ Se plongeant à tout coup, on ne
„ sçait où l'attendre,
„ Et rarement on en jouït.
„ Au milieu de l'ardeur d'un amour
„ la plus tendre,
„ Le bizare s'évanovït.
„ Ainsi point de Plongeon. Une hu-
„ meur si legere
„ Ne me sera jamais de rien.
„ Je m'en rapporte à vous, ma Mere
„ Sans un seur ordinaire,
„ Le ménage ne va pas bien.
„ Le Corbeau te plaira sans dou
„ te?

„ Ma Mere , volontiers je le vois &
„ l'écoute ,
„ Et jaime assez son entretien ;
„ Mais autre Oyseau d'Hyver , & de
„ qui la pitance
„ Semble ne se fonder que sur la Pro-
„ vidence ,
„ Dont son ventre souvent reçoit mor-
„ tel échec.
„ De plus, Oyseau glouton, & qui ron-
„ ge, & qui mange ,
„ Jusqu'à mettre les os d'une charogne
„ à sec ;
„ * A qui l'encens enfin d'une vaine
„ loüange

* *Fable du Corbeau & du Renard,*

„ Feroit souvent tomber le fromage
„ du bec.
„ Ainsi de vivre heureuse un jour ;
„ point d'asseurance ;
„ Donques point de Corbeau. L'E-
„ preuvier, que je pense,
„ N'est pas Oyseau, ma fille, assez hupé
„ pour toy.
„ Ah ! ma Mere, pardonnez-moy,
„ Avec tout Oyseau de rapine
„ On fait toûjours bonne cuisine.
„ La conscience y trempe un peu ;
„ Mais baste, pourveu que l'on fasse
„ Toûjours bonne chere, & grand
„ feu.
„ Nous irons tous deux à la chasse,

„ Car tous deux nous chassons de
„ race.
„ Il ira prendre aux champs Faisan,
„ Caille & Perdrix,
„ Et moy je gauberay des mouches au
„ logis.
„ En cela nos humeurs ont assez de
„ simbole;
„ Tout autre interest est frivole.
„ C'est le premier qu'il faut envisa-
„ ger.
„ Quand sous le joug d'Hymen on veut
„ nous engager,
„ Sans simbole d'humeur, ma Mere!
„ quel menage?
„ Quel Enfer, que nôtre maison?

„ Sans ſimbole, en un mot, cordeau,
„ hache & poiſon,
„ Chez nous ſont bientoſt en uſage.
„ Sans doute, & ma Fille a raiſon:
„ N'en parlons donc point davan-
„ tage.
Ma Fille! tu le veux ainſi,
Et moy je le veux bien auſſi.

A peu de jours de là l'Epreuvier eut la Fille;
Et conſcience à part, ce fut toûjours entre eux
Une ſi grande paix, qu'en nulle autre famille
On ne remarquoit point de Couple plus heureux.

Filles à marier ! voicy vôtre leçon ;
Jamais vous n'en verrez une bien assortie,
Qui cherchera dans un garçon
Plus de bien, que de simpatie.

A Mademoiselle M. de V.

Jeune, sage, & charmante Irene!
Voicy de vos Amans les fabuleux portraits ;
Et sous ces mysterieux traits ;
Tous s'y reconnoîtront sans peine.
Vous vous reconnoîtrez aussi
Au juste, & doux penchant où l'Amour vous entraine,
Sur qui vôtre raison a regné jusqu'icy

Toûjours en Souveraine;
Et ſans croire m'enfler d'une loüange vaine,
Vous devez m'avoüer que j'ay bien reüſſi.
C'eſt une verité, que vôtre modeſtie
A de bonne foi conſentie,
Lorſque vous m'avez entendu,
Vous faire en vos amours ſi prudente & ſi ſage.
Le rouge qui s'eſt répandu
Sur les lys de vôtre viſage,
Malgré vous, m'en a rendu
Un aſſeuré témoignage.

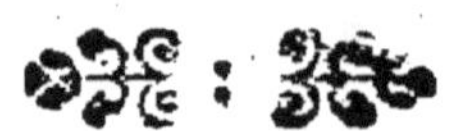

LE TORRENT.

ou

L'Humeur melancolique, & la gaillarde

FABLE IV.

IL avoit plû toute la nuit,
Et d'une prochaine montagne
La pluye, en tombant à grand
bruit,

Avoit fait d'un Ruisseau rodant par la campagne,
Un Torrent, & ce qui s'ensuit.
C'est à dire, qu'en son ravage,
Ce Torrent, n'aguere Ruisseau,
Avoit mis le Pont à-vau-l'eau,
Qui d'un vilage, à l'autre étoit le seul passage.
Thibaut prié de nôce au vilage voisin,
(On y marioit son cousin,)
Dés la pointe du jour déniche, marche, & treuve
En place du Ruisseau, Torrent, Riviere, ou Fleuve,
Point de Pont, point d'endroit à le franchir d'un saut;

Donc, point de Nôce pour Thibaut.

» Quoy? dit-il, en grattant sa tête,
» Sans moy se passera la fête?
» Et cependant par un Torrent morgué
» Je n'en verray que la fumée?
» (Il en aura menty, morgué,
» Et la fête sera chommée.

Ce dessein pris il cherche un gué,
Il falloit passer à la nage,
Thibaut le pouvoit sans danger,
Dira quelqu'un, l'Autheur devoit bien y songer.
Aussi l'ay-je fait, mais l'Adage,
Qu'il faut suivre, m'apprend qu'il ne savoit nager

Que dans la marre du Vilage;)
Marchant donc le long du rivage,
Il trouve un endroit où l'eau dort,
Où l'espace est étroit de l'un à l'autre bord.
Estimant cet endroit guéable,
Il se déchausse, entre, & le pauvre diable
Au premier pas rencontre un trou,
Et se voit dans l'eau jusqu'au cou.
Un pas si dangereux l'arrête, & l'intimide:
Il s'en tire, & plus bas trouvant un autre endroit,
Le sonde d'un bâton, & voit

L'eau moins creuſe, mais plus
rapide,
Il s'enhardit, & ſuit ſon bâton qui le
guide,
Et malgré la rapidité,
Le voilà de l'autre côté,
Sain & ſauf, & Dieu ſçait la joye.
Là rechauſſant l'un de ſes bas,
Ou d'un ſoulier chauſſé reſerrant la
coroye,
On conte qu'il diſoit tout bas;
» Abyme croupiſſant! tu ne m'y retiens
» pas;
» L'endroit, où l'on ſe noye,
» Eſt celuy qui le moins menace du
» trepas.

» Vive l'humeur goguenarde,
» Il y fera toûjours bon,
» Ne te fais point compagnon
» D'une humeur toûjours songearde,
» Qui te portera guignon.
» Ainsi le gay Lubin sur cette molle herbette,
» Dance aux chansons de ma musette,
» Tandis que Guillot le sournois,
» Autrement dit, la Lime-sourde,
» Vient par derriere en tapinois
» Boire tout le vin de ma gourde.
Selon mon sens, voicy le fruit,
Qu'on peut tirer de cette Fable;

L'ennemy le plus redoutable
N'est pas toûjours celuy qui fait le plus de bruit.

„ Pleust au Ciel, dit Cesar, que Brute
„ & que Cassie,
„ Fussent ces deux gros gaillards-là,
Parlant d'Antoine & de Dolabella,
„ Je craindrois bien moins pour
„ ma vie.

LE CERF MALADE,

ou

La grande Alliance nuisible.

FABLE V.

UN jeune Cerf, non de race profane,
Mais de la Biche, qu'autrefois
On dit que l'Aulide en ses bois

Nouriſſoit, conſacrée à la chaſte Diane;
Ce Cerf bleſſé d'un trait, & giſant dans ſon Fort,
Mais giſant au lit de la mort,
Bramoit d'un ton lugubre. Un Daim du voiſinage,
Qui l'ouyt en paſſant, vint pour le ſecourir;
Le malade preſt à mourir
Par des accens coupez, & d'un triſte langage,
Luy dit, qu'il voudroit bien, avant que de partir,
Prendre congé de tout ſon parentage.
Le Daim d'un pied leger part, & court avertir

Tout ce qu'en ſes foreſts la ſauvage contrée
Nourrit de Biche, & de Cerf, & de Daim.
Le bruit d'un trépas ſi ſoudain
Vole de futaye en futaye.
Par troupeau la famille y vient le lendemain,
Chacun court au remede, & ſur tout au dictame:
Bref tous en ont un ſi grand ſoin,
Qu'en deux jours le choyant juſqu'au moindre beſoin,
Dans une ſaine aſſiete ils remettent ſon ame.
Quand on eſt jeune on revient de bien loin.

Mais en moins de deux jours les plus vertes Campagnes,
Prez, Valons, & Montagnes
Manquent à ce grand Peuple, & n'offrent à sa faim
Non plus de vert, qu'on en voit sur ma main.
Cette famine generale
Fait que chez soy chacun détale,
Et le foible convalescent,
Ne trouve plus à mettre sous sa dent
Pas le moindre brin d'herbe, ou la moindre broutille;
Si bien que retombant à quelques jours de là,
Et maudissant cent fois sa nombreuse famille,

De ce bas monde il s'en alla.

„ Une trop grande Alliance
„ Est nuisible quelque fois,
„ Et toûjours son assistance
„ Cesse avec nôtre finance;
„ Qu'en pensez-vous, Holandois?

LA GUERRE DE L'AIGLE ET DU LION,

ou

La Ligue inutile.

PREFACE.

Conteuse de fagot ! Hola ! Muse follette !

Avez-vous oublié que vous êtes Clion?

Voicy matiere de Gazette,
Et Melpomene icy doit prendre la trompette,
Pour chanter les combats de l'Aigle & du Lion.
Mais pourquoi quitter la musette?
La Gazette souvent sur la Fable empiéte,
Donc par la Loy du Talion,
La Fable empietera sur elle? Hé pourquoi non?
Pour un Poëme Epique, il ne seroit pas bon,
De le chanter comme une chansonnette;
Mais cette Fable un peu longuette
N'ayant

N'ayant au plus que l'air d'histo-
riette,
Il suffit de monter la musette d'un
ton.

FABLE VI.

L'Aigle, Roy des Peuples de l'air,
Se divertissant à la chasse,
Dans les Plaines de Samothrace,
Le long des côtes de la mer,
Fit un effroyable carnage,
De maint Quadrupede sauvage.
Les Epreuviers, Autours, Faucons,
Milans, Laniers,
Bref, toute sa Fauconnerie
Ne chassoit qu'aux Cerfs, qu'aux
Sangliers,

Qu'aux Renards, & qu'aux Loups-
serviers,
Mais chassoit de telle furie,
Que les Chasseurs de l'Isle, & les plus
carnassiers
N'avoient fait jusqu'à lors une telle
tuërie;
Même le Grand Veneur & tous ses
Officiers,
Qui composoient la Venerie
Du Lion, qui du lieu tenoit la Sei-
gneurie.
Le Tigre, Grand Veneur, & douze
Leopards
Allans un jour chassans tout le long
de ces plages,

Sont étonnez de voir de cent Bêtes sauvages
Les morceaux tout-sanglans semez de toutes parts.
Un vieil Renard dans sa taniere
S'étant tenu clos & couvert,
Avoit vû par un trou, que la Gent Fauconniere
Se retiroit le soir dans un prochain desert,
Car y trouvant matiere encore
A ses héroïques deduïs,
Elle couchoit sur le pays,
Et se levoit avec l'Aurore.
Le Renard n'ayant plus de peur,

Voyant au champ le Grand Veneur,
Et sa Meute feroce, à qui rien ne resiste,
Sort, accourt, & d'une voix triste
Luy dit, que l'Aigle, *& cætera*,
Est l'Autheur de tout ce ravage,
Et que bientost il reviendra,
Pour en faire encor davantage;
Qu'il est aprés un Ours, qui contre luy tiendra,
Et qui, retranché dans ces roches,
En Ours de cœur se deffendra,
Mais qu'à la fin l'Aigle prendra,
Malgré ses griffes & ses broches.
Le Tigre, à ce recit, devenu furieux,

Fait venir au plus vîte un Renfort de Panteres,
Pour chasser l'Aigle de ces lieux.
Ils viennent. L'Aigle arrive, & ses meutes legeres,
Toutes ne demandant pas mieux,
Que de voir en champ de bataille
Le Tigre, & tous ses gens rangez par Escadrons.
» Qu'on fasse venir mes Griffons,
» C'est assez pour cette canaille,
Dit l'Aigle fiérement aux siens.
Ils viennent accouplez comme lesses de chiens,
Luy servans de Relais de Chasse,
Meute des Champs Aëriens,

Qui toutes les autres surpasse,
Et qui jamais ne prend le change, ny
se lasse.

Ils étoient environ deux cens,
C'est à dire deux contre quatre,
Ils enrageoient cependant de se battre.
Aussi l'Aigle leur Chef, & l'un des
plus prudens,
Que l'on ait pû voir de son âge,
Ne perdit point son avantage;
» Il ne leur dit que ces deux mots; En-
» fans!
» Donnez, & frappez au visage;
Parolles de Cesar, qu'autrefois il
apprit

D'un vieil Autour, qui luy fit le recit
De la bataille de Pharsale,
Où le grand Cesar déconfit
Le grand Pompée, & de tous ces gens fit
Une déroute generale,
Dont Vautours & Consorts firent ample regale.
Douze gros Peroquets sçavoient sonner du cor,
Mais beaucoup mieux de la trompette.
Ils sçavoient tous joüer encor
Du Haut-bois & de la Musette.
Sur la cime d'un petit mont,
Entre les deux Partis tous vont sonner la charge.

Par d'effroyables cris l'ennemy leur répond,
Et dans la plaine prend le large.
A la tête des siens l'Aigle fier marche, & fond
Sur le Tigre, l'acroche au front,
Et luy pochant les yeux, les tire, & les avale.
Chacun suit son exemple, & chacun se signale,
Et tous, de leurs becs aquilins,
Font en moins d'un moment nombre de quinze-vingts.
Le reste devant eux détale,
Des yeux du Grand Veneur voyant le sang couler,

Et des yeux de leurs Camarades,
Qui mordoient & faisoient ruades,
Mais qui rüans sur rien, & ne mordans que l'air,
Furent par nos Heros, à la griffe de fer,
Bientost mis en capilotades.
Le Lion informé de ces hostilitez,
Contre nôtre Attila jure immortelle guerre,
Et voulant l'attaquer, & par Mer, & par Terre,
Assemble des Soldats; mande de tous côtez
Des Milices auxiliaires;

Dégarnit même ſes frontieres;
Met les Poiſſons de ſon party.
D'un fidele Eſpion l'Aigle étant averti,
Que ſon fier ennemi s'apprête,
A luy venir donner le choc,
Et qu'il auroit puiſſante armée en tête,
Aſſemble ſon Conſeil, & ſon Conſeil arrête,
Que ſur le champ luy-même iroit trouver le Coq,
La terreur de ſon Averſaire,
Et qui ſans coup ferir ſçait l'Art de le deffaire.
Il y va. L'Oyſeau Franc luy promet ſon ſecours,
Et d'être en ſon Camp dans deux jours.

Il arrive à jour dit. Alors les trois Armées,
L'une des Troupes Emplumées ;
L'autre des Gens d'Ecaille armez
De pied en cape ; & l'autre, à la roide criniere,
Aux dents faites en fourchefiere,
Aux yeux de fureur allumez,
Se virent bientost en presence,
Et marchans en belle ordonnance.
L'Aigle avoit fait en l'air des siens trois Bataillons.
A l'aîle droite on voyoit les Griffons,
Et les Autours à l'aîle gauche,

Et toute volaille au Bec-croche.
Dans le Corps de reserve étoit le Coq François,
Et rien que sa Maison, dont un seul en vaut trois,
Allant au choc, comme à la fête,
Et donnant de cul & de tête,
Comme un Corbeau, quand il abbat des noix.
Sur une même Ligne, & le long du rivage,
Le Lion avoit mis ses Troupes en deux parts;
D'un côté Tigres, Ours, Panteres, Leopars;
De l'autre tout Bêtail sauvage,

Soûtenus tous les deux des Troupes de la Mer.

La harangue des Chefs sceut tous les animer.

Les Perroquets sonnent la charge. On donne.

La Fauve à l'Oyseau se eramponne.

L'on n'entend que des cris, & des rugissgissemens.

La Rive de pitié touchée

De se voir de corps morts en un moment jonchée,

Fait de ce bruit confus, de longs gemissemens.

Icy quatre Griffons renversent deux Panteres.

Là quatre Leopards déchirent deux
Autours.
Deux Aigles fondent ſur deux
Ours,
Et luy pochent les luminai-
res.
Le combat s'échauffe, & long-
temps,
Entre les deux partis la Victoire ba-
lance.
Le Lion ſur l'Aigle s'élance.
L'Aigle fond ſur ſon dos, & luy ſer-
rant les flancs,
Le déchire malgré ſes dents,
Ses griffes & ſa queuë. Il ſaute, il le
ſecouë;

Mais l'Aigle ſur ſon dos de ſes ſerres ſe clouë,
Et du ſang ennemi la pouſſiere rougit.
Le Lion en enrage, en écume, en rugit,
Appelle à ſon ſecours ſon armée. Elle arrive.
De l'Aigle juſqu'alors l'Arriere-Garde oiſive,
Conduite par le Coq, vôle à ſon General.
A coups d'ongle & de bec, pire que Durandal,
Rompt, perce, écarte, enfonce, abbat, & met en fuite
Tout ce que le Lion a de Troupe d'élite.

Bref, il est accablé du nombre, & de
son flanc
Sentant sortir son ame fiere,
Qui jusqu'à la goute derniere,
A vendu cherement son sang,
Jette un regard mourant sur la Troupe écaillée,
Qui pour le secourir ne peut franchir ses bords.
D'un insolent Vainqueur craignant d'être raillée,
Ou plûtost de tomber sous de si grands efforts,
(Car on alloit leur fondre sur la crête)
Elle délogea sans trompette;
Et se plongeant au fond des eaux,

Laissa

Laissa le champ libre aux Oyseaux.
Le Lion connoissant la faute qu'il a faite,
Et se la reprochant mille fois en secret,
Choque de desespoir sa tête contre terre,
Et le dernier soupir qu'il fait,
Est comme un long coup de tonnerre,
Qui porte dans le cœur de l'Aigle stupefait
De la terreur & du regret,
Pour un si grand Foudre de guerre.
Ce déplorable Chef du party le meilleur ;

Que sa fortune lasse abandonne au malheur,

Nous montre à ses dépens, que tout Guerrier habile,

Ne fait point de Ligue inutile.

LE MOUCHERON,

ou

La folle Vanterie.

FABLE VII.

ON s'exerçoit un jour en des Jeux de Barriere.

Un nombre de Fringans Coursiers,

Sous de jeunes Heros, impatiens, & fiers,
Avoient couvert une longue carriere,
D'un long nuage de poussiere.
Un Oyseau plein d'orgueil, effronté fanfaron,
Parasite de vaine gloire,
Cependant, (qui l'auroit pû croire?)
Un Insecte volant, un chetif Moucheron
Vient fondre sur la vaste croupe
Du Palefroy, le plus beau de la troupe.
Et là dressé sur ses ergos,
Les aîles trémoussantes d'aise,
Fait retentir sa trompe, & sur des tons si hauts,

Qu'il en étourdit nos Heros.
Quoiqu'on faſſe rien ne l'apaiſe.
Les trompettes ont beau ſonner.
Boute-ſelle, charge, & fanfare,
Le Faux-Brave ſe met de plus belle à tonner.
Les oreilles à tous commencent à corner.
Et tous voulans ſçavoir pourquoi ce tintamarre ?
Ainſi qu'un Bâteleur viennent l'environner.
Luy, bien loin de s'en étonner,
Ni s'amuſer à raiſonner,
Sur un ton de chant de Victoire,
Il comence un Hymne à ſa gloire,

Ayant pour ſon refrain, qu'il a fait ſeul voler
Le tourbillon de poudre en l'air.
S'étant chantée ainſi, la ſotte Beſtiole
Croyoit qu'on l'alloit applaudir
Mais voyant qu'une craquignole,
De deux doigts décochée alloit l'abazourdir,
La Hableuſe, au travers d'une amere huée,
S'en va, prenant l'eſſort, ſe perdre en la nuée.

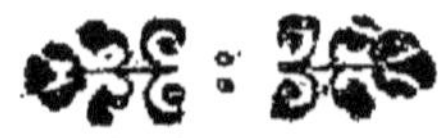

LA FRITVRE,

ou

Les Imprudens.

FABLE VIII.

UN Cuisinier faisoit frire
Tout-vifs des petits Poissons,

L'un d'eux se prit à leur dire;
» Freres! que nous pâtissons!
» Cette mer brule, & petille,
» Et nous sommes frits dans peu.
A ces maux chacun fretille,
Et chacun si bien sautille,
Qu'il tombe de la poîle au feu.
Alors tout grille,
Et tout rôtit.
» Peste soit de la sotte engeance!
(Dit le Cuisinier tout contrit)
» Voyez un peu la belle avance!
» Estre tout vif rôty, grillé, fricassé,
» frit,
» Est même chose, que je pense.
» Cette friture alloit pour ma pitance;

C'est

» C'eſt tout ce que pour moy j'avois
» pû ménager ;
» Pour moy, qui ne puis rien
» manger,
» Et que de groſſes dents une incom-
» mode abſence
» A reduit à gruger.
« Morbleu ! devois-je pas ſonger,
» Avant que de les frire, à leur ouvrir
» la panſe ?
Mais eux auſſi devoient-ils pas juger,
Qu'ils ſortoient d'un petit danger,
Pour dans un plus grand s'engager ?
Mais pourquoy me rompre la tête
A faire en vain le raiſonneur ?
Ma foy ! comme eux, je ne ſuis qu'une
bête

Et j'enrage aprés tout, qu'ils ayent eu
l'honneur,
De me faire dîner par cœur.
» Telle est des Imprudens la conduite
» ordinaire;
» Ils manquent de conseil, quand ils
» en ont affaire.
» Quand il n'en est point necessaire,
» Ils en ont à foison.
» En un mot leur raison
» Toûjours les éclaire
» Hors de saison.

LE VER A SOYE ET LA CHENILLE.

ou

Les Fruits de la Peine & du Plaiſir.

FABLE IX.

UN jour ſur un jeune meu-
rier,
Le Ver à ſoye, & la Chenille,
Celle-cy vivant en rentier,

Et l'autre faisant son métier,
u soient d'affaires de famille,
Et passoient à causer souvent le jour entier.
Cousin, disoit au Ver l'Insecte au poil qui brille,
Que je m'enfermerois bientost dans ma coquille,
Pour en sortir au plûtost Papillon!
Si quelque jour le Ciel m'octroye,
De me voir, quoiqu'indigne, un noble Ver à soye,
J'iray de Valon en Valon,
De Jardin en Jardin, de Prairie en Prairie;

Bref, il ne ſera point de Campagne
fleurie,
Où, ſur le ſein des fleurs éteignant,
mes deſirs,
Je ne rendé jaloux mille & mille Ze-
phirs,
Et l'amoureuſe ardeur de mon ame
embrazée,
Sans doute fera l'un de mes plus
grands plaiſirs,
D'être à tout moment appaiſée,
Du lait ſavoureux des Fleurs.
Et de la tendre Roſée,
Que l'Aurore en leur ſein formera de
ſes pleurs.

Couſine! ta raiſon eſt bonne;

Il naît des douceurs au Printemps ;
L'on en goûte en Eté ; l'on en goûte en Automne ;
Dont les gais Papillons peuvent être contens ;
Mais enfin à mon tour souffre que je raisonne ,
Et juge qui de nous a meilleure raison ;
En quelque champ fleury que j'aille
Y piller les Fleurs à foison ,
Ce pillage au logis ne produit point la maille ;

Mais quand, assidu, je travaille,
Mon travail enrichit la Ville, & la Maison.

LE LION ET LES 2. TAUREAUX

ou

La Ligue rompuë.

FABLE X.

CE Printemps deux Taureaux aux farouches regards,
Au milieu de cent Bœufs paissoient l'herbe naissante,

Un Lion affamé, rodant de toutes parts,
Rugit dés qu'il les void, & de sa voix tonnante,
Croit jusqu'au fonds du cœur leur jetter l'épouvante.
Les Bœufs, au large front, dans la Prairie épars,
Se sentans dégradez de leur mâle courage,
Par divers défilés regaignent leur village:
Mais nos deux braves Champions,
Qui depuis quelques jours avoient eu l'avantage,

De mettre en fuite deux Lions,
Joignent flanc contre flanc , & leurs têtes baissées ,
Chacune presentant deux lances herissées,
Font ferme , & de quelque côté
Que l'Ennemi les tourne, il en est affronté.
Le Lion fait sur eux mille assauts inutiles ;
Il a beau tournoyer , virer , caracoler,
Toûjours il trouve à qui parler,
Et l'ardeur de se signaler
Rend ses lents Animaux , agiles.
Le Lion enragé de voir que sur leur peau

Ni ſon courage, ni ſes feintes,
Ne peuvent pas donner d'attein-
tes,
Ni les rompre, il leur parle beau;
» Mes Braves! vôtre gloire eſt, dit-il,
» ſans ſeconde,
» Et vous triomphez aujourd'huy
» Du plus fort animal du monde;
» Et ſans que l'un à l'autre implore
» ſon apuy,
» L'un de vous ſuffit contre luy:
» Dans ce combat chacun de vous me
» montre
» Tant d'adreſſe, de cœur, & d'intre-
» pidité,
» Qu'il me faut pour ma gloire, & de
» neceſſité,

» D'un combat seul à seul éviter la ren-
» contre,
» Ou, sans faire le fin, d'abord je suis
» gâté.
» Mais en Lion d'honneur, avant faire
» retraitte,
» Je veux bien de vous deux dire la
» verité ;
» Le droit plus que le gauche a de la
» fermeté.
» Adieu ! vivez heureux, sûrs, qu'aprés
» ma deffaite,
» Nul Lion desormais ose vous ap-
» procher,
» Et qu'il n'est rien enfin qui vous
» puisse empêcher,

» De joüir d'une gloire, & d'une paix
» parfaite.
Cela dit, il les quitte, & gaignant les
hauteurs,
L'ame encor de dépit & de rage saisie,
Et tapi dans un creux, observe ses
vainqueurs,
Qu'il a piqué de jalousie.
Fier du suffrage du Vaincu,
Le Taureau, qui tenoit la dréte,
» Dit à l'autre; Où, l'Amy, sans nous,
» en étois-tu?
» Nôtre Aversaire a fait retraitte.
» Et comme j'ay moy seul empêché ta
» deffaite,

» C'eſt à moy ſeul auſſi que l'honneur
» en eſt dû.

L'autre de travers le regarde,
» Et luy dit; En effet, vôtre vertu me
» garde,
» Mon Brave, & je ne fais que vous
» embaraſſer.
» Nôtre Ennemy l'a dit, & ſans mon
» aſſiſtance,
» Il vous flatte que ſeul vous l'euſſiez
» pû chaſſer.
» Je le veux. Toutefois je me ſens. Et
» je penſe
» Que je puis ſeul auſſi ſuffire à ma
» deffenſe.
» L'Ennemy n'eſt pas loin. Bientoſt
» l'experience,

„ Pourroit faire ſavoir à vôtre ſuffi-
„ ſance,
„ Qui de ſon Camarade auroit pû ſe
„ paſſer.
„ Adieu ! s'il vient , ſans nous vous
„ pourrez l'exercer,
„ Et plaiſe au Ciel que ſur cette émi-
„ nence,
„ J'aille me voir vangé de l'Ingrat
„ qui m'offenſe.
A peine a-t-il gagné la prochaine hau-
teur ,
Que le Lion caché ſort de ſon embu-
ſcade ;
Fond ſur le brave Camarade,
Qui plein d'une heroïque ardeur,

Le reçoit en Taureau de cœur.
Et l'autre sur une esplanade.
S'étoit fait du combat le jaloux Spectateur.
Le Lion au combat montre tant de fureur,
Que dés la premiere passade,
Il fait à l'Ennemy la moitié de la peur.
Le feu qui dans les yeux du Lion étincelle,
Luy glace le cœur, qui pantele;
C'en est fait, est battu qui tremble ou peu s'en faut.
Le Lion l'apperçoit à sa morne prunelle.

D'un

D'un long mugissement tout son cœur il rappelle.
Mais luy, voyant qu'il y fait chaut,
Fait le Chien de Jean de Nivelle.
Le Lion tourne, & cherche à le prendre en deffaut,
Et voyant à la fin sa belle,
Il luy saute au sainon, & d'une dent cruelle,
Luy croque en rugissant larinx, & gargamelle.
Le Taureau suffoqué sur ses jambes chancelle.
Le Lion le tire & l'abat.
Et l'ayant mis hors de combat,
Le laisse étendu sur l'arene;

Court à l'autre Taureau, qui fuit
A toute jambe dans la plaine;
Mais que vivement il pourſuit,
Et l'atteint ſans beaucoup de peine.
Le peſant Animal n'a pas fait deux cent pas,
Qu'il fume de ſueur, écume, & perd haleine.
Le Lion tient de là ſa victoire certaine.
Il le hape au muſle, & le traîne,
Et du coup que ſa queuë aſſéne,
L'abaſourdit, & le met bas.
Qui de là ne conclûra pas,
Que le Prince le plus terrible

Souvent tâche en vain de briser
De deux Confederés l'union invincible ?
Forcez, vous gastez tout. Le mieux est de ruser;
Et leur deffaite est infaillible ;
Si vous sçavez les diviser.

LE SERPENT ET LA TORTVE, ou Le Cœur double & le sincere.

FABLE XI.

DAns un sentier tortu, le long
d'un grand chemin,
Un Serpent se glissoit à longs plis. La
Tortuë

Marchant dans le chemin, se presente
à sa vuë.
„ Il luy dit en passant ; Tu vas d'un
„ pauvre train,
„ L'Amie! & quand on marche, il
„ faut qu'on s'évertuë ;
„ La lenteur fait souvent avorter un
„ dessein.
„ Ma lenteur, luy répondit-elle,
„ Bien que chacun la blâme, est
„ telle,
„ Qu'en partant à propos, sans me hâ-
„ ter d'un pas,
„ Elle me donne l'avantage,
„ Que sans me fatiguer, je fais un long
„ voyage,

„ Dont tu ſerois bien-toſt las.
„ Et combien que de toy le monde
„ faſſe cas,
„ Il doit de moy ſans doute en faire
„ davantage ;
„ Je vas le grand chemin, & tu ne le
„ vas pas.

Souvent on croit aller droit au but,
où l'on tend,
Et par de faux-fuyans ſouvent on s'en
élogne.
Croyons-en ce qu'en dit la Tortuë au
Serpent,
„ Le meilleur eſt toûjours d'aller droit
„ en beſogne.

LA HVPE ET L'AVTRVCHE

ou

L'heureuse Apparence.

FABLE XII.

L'Oyseau de Jupiter, & l'Oyseau
de Junon,
Contractoient ensemble alliance.

A cette celebre union,
Où l'on festina d'importance,
On n'invita qu'Oyseaux de consequence.
La Hupe en fut pour sa belle prestance,
Pour sa belle symare, & son beau cotillon,
Quoique roturier Oysillon.
On laissa là l'Autruche, un Oyseau de renom,
Mais dans la derniere indigence.
On luy voyoit le cû, parlant par reverence.
Mais n'importe elle étoit de meilleure maison,

Que

Que la Hupe au brillant Jupon.
L'Oyseau méprisé s'en offense ;
Vient à la porte du Salon,
Où se fait la réjoüissance ;
Gratte ; frappe ; se plaint ; clabaude sa naissance,
Et met la Hupe en jeu. Le Suissé, un fier Griffon,
La repousse, & point de raison,
Point d'égard à sa remontrance.
Alors déclamant sur un ton,
Qui passe un peu la bienseance,
On sort, & sur son croupion
On décharge maint horion,
Lui criant ; Cû tout nud ; point de comparaison.

Elle s'obstine, on recommence.
Voyant que c'étoit tout de bon,
L'Autruche, sans plus de façon,
Gaigne Vincenne en diligence,
Où l'on luy gardoit sa pitance.
Voilà le fruit de son grand Nom,
Chimere pure, sans chevance.
Vous donnez tout à l'apparence,
Badaux, voilà vôtre leçon.

LES LOIRS,

ou

La Débauche funeste.

FABLE XIII.

DOuze Loirs, tous fort bons
vivans,
Faisans un jour la rebonbaine

A l'ombre d'un fertile Chêne,
Qui seul depuis un tres-long-temps
Les nourrissoit, eux, enfans & suivans,
S'étoient faits si ronds de ses glans,
Qu'ils ne se soûtenoient qu'à peine.
On vendangeoit alors, & le lieu de la Scene
Etoit dans un vignoble, auprés de saint Arnou;
Et loin des Vendangeurs, qui toute la semaine
Joüant de la serpette avoient sur un genou

Suivi le Vigneron, qui vendangeant
les meine,
Et va toûjours baissé, sans voir derriere
soy,
Tant il est plein de bonne-foy.
Là nos Goinfres, sans peur d'une alarme soudaïne,
Avaloient les glans par douzaine,
Et tous mangeans comme des
Loups,
Humoient aussi comme des Trous
A même d'une cuve pleine.
L'un, sa pate sur sa bedaine,
De l'autre se curant les dents,
» Dit, lâchant un hoquet, sans doute
ils sont frians,

» Mais il faut avoir bonne ha-
« leine.
» Arbres si hauts sont fatigans.
» Toûjours monter, toûjours de-
» scendre.
» Le plus robuste est bientost las.
» Messieurs! si vous vouliez m'en-
» tendre,
» Il vaudroit beaucoup mieux mettre
» le Chêne bas.
» Rien ne seroit si commode au
» repas.
» Il faudroit seulement se baisser pour
» en prendre.

La plusspart de ces Etourdis
Applaudissent à cét avis.

Et courrent aux haches. Thaïs
Ainsi par le grand Alexandre
Fit mettre de Persepolis
Le superbe Palais en cendre.
L'un d'eux, qui n'étoit pas si fou,
Et qui prévit la fin de ce bourru caprice,
» Dit au plus furieux ; Cent diables! es-tu fou ?
» Si tu fais mourir ta nourrice,
» Tu n'as qu'à te couper le cou.
Sur sa reflexion chacun reflexionne ;
Trouve sa reflexion bonne ;
Reconnoist, qu'il ne fait pas bien,
D'abatre un Arbre, qui luy donne

Un ſi bon pain quotidien;
Et qu'il n'eſt point enfin de peine comparable
A ce demy-ſouverain bien.
Ainſi jettant la hache au diable,
Il jure qu'il n'en fera rien.
Et pour cuver ſon vin, qui bout dans ſa bedaine,
Va dormir à l'ombre du Chêne.

LE LIEVRE, LE CHEVAL, LE CERF, L'ASNE, LA TAUPE,

ou

Les Envieux.

FABLE XIV.

LE Liévre, le Cheval, le Cerf,
l'Asne, & la Taupe,
Causans ensemble un jour, à ce que dit
Esope,

Ou quelqu'autre conteur de Fable, il
ne m'en chaut,
Faisoient un humble aveu chacun de
son defaut.
„Il n'est si bon Cheval, comme on dit,
„ qui ne chope;
„Dit le Cheval au Cerf, tes jambes,
„ qu'il me faut,
„ Feroient monter mon prix bien
„ haut.
„ Moy, si j'avois ta longue queuë,
„Dit le Cerf écourté, je serois sans égal,
„ Et me ferois voir d'une lieuë.
„Ton bois, dit le Baudet, ne me siéroit
„ pas mal,
„ Pour mettre à l'ombre mes oreil-
„ les.

„On me mettroit, ſans doute au rang
„ des ſept merveilles.
„Toy? ſi j'avois tes yeux, ſeroit-il animal
„Plus parfait, dit le Liévre à la courte
„ viſiere,
„Je n'aurois point les chiens de ſi prés
„ au derriere ;
„ De cent pas les apercevant,
„Que je leur jetterois aux yeux de la
„ pouſſiere !
„ Et comme je fendrois le vent !
„L'Aveugle Taupe dit ; Je ſerois ſans
„ ſeconde,
„ Si j'avois tes yeux, tels qu'ils
„ ſont.
„ Et c'eſt ainſi que va le monde.

» Jamais contens des biens qu'ils
» ont,
» Les uns portent toûjours envie aux
» biens des autres.
» Toûjours les maux d'autruy ſont
» moindres que les nôtres.

FIN.

www.ingramcontent.com/pod-product-compliance
Lightning Source LLC
LaVergne TN
LVHW050419160826
845677LV00002BA/439